SUPPLÉMENT

A LA TROISIÈME ÉDITION

DE LA

PETITE GUERRE.

MOQUET ET COMP., IMPRIMEURS, RUE DE LA HARPE, 90.

SUPPLÉMENT

A LA TROISIÈME ÉDITION

DE LA

PETITE GUERRE;

Par DECKER.

Traduit de l'Allemand,

PAR LE GÉNÉRAL BARON RAVICHIO DE PERETSDORF,

ARCHIVISTE POUR LA PARTIE TECHNIQUE ET SCIENTIFIQUE DE L'ARTILLERIE ET DU GÉNIE AU MINISTÈRE DE LA GUERRE.

PARIS,

J. CORRÉARD J[e], ÉDITEUR D'OUVRAGES MILITAIRES,

RUE DE TOURNON, N° 20.

1840

AVERTISSEMENT.

La traduction de l'ouvrage du major Decker, sur la petite guerre, que nous avons publiée en 1827, se trouve épuisée, quoique tirée à un nombre considérable d'exemplaires. Cette faveur de l'armée, pour un écrit qui a aussi une grande vogue à l'étranger, nous engage, avant d'en entreprendre une nouvelle publication, à faire connaître aux officiers qui ont la première, les additions que l'auteur a faites à la troisième édition. Nous espérons qu'elles seront également bien accueillies.

SUPPLÉMENT

A LA TROISIÈME ÉDITION

DE LA

PETITE GUERRE.

PAR DECKER.

SECTION III.

DES RECONNAISSANCES ET DE L'OBSERVATION DE L'ENNEMI.

Vues générales.

§ 462. Dans la petite guerre, on envoie fréquemment des partisans au loin, avec la mission *d'observer* soit l'ennemi, soit le pays, ou bien ces deux objets à la fois. Ces sortes de missions peuvent très bien être classées parmi les reconnaissances permanentes. *Stehenden Recognoszir ungens*

463. Le mot *reconnaître* a, sous le rapport militaire, une signification toute spéciale. *Voir* et *observer* sont deux choses très différentes.

Dans l'acception ordinaire, on entend par *observer* regarder un objet, une chose avec attention soutenue, et dans le but de découvrir d'avance le but auquel tend cet objet ou cette chose.

Ainsi, à la guerre, l'action *d'observer* ne consiste pas seulement à *voir* les objets fixes ou mobiles, mais encore à découvrir quels sont les véritables projets de l'ennemi. Pour cela, on doit agir très secrètement et rapidement; s'assurer si l'on n'est pas *observé* soi-même, sans quoi la mission ne peut être remplie, car si l'ennemi ne cherche pas à éloigner l'observateur, il lui fait voir ce qu'il est dans son intérêt qu'il voie. On doit aussi être en mesure de ne pas être obligé de fuir devant le premier détachement qui se présentera. Il est donc nécessaire d'allier la ruse et la force à la circonspection.

464. Les troupes employées aux reconnaissances sont ordinairement séparées de l'armée et ne sont en correspondance avec elle qu'au moyen d'ordonnances. Il est donc avantageux d'avoir à cet effet des troupes organisées pour ce service spécial. On appelle ces troupes *partisans*.

1° *Observer l'ennemi même.*

Ceci peut avoir lieu dans l'état de repos ou en mouvement. A cet effet, on envoye des partisans au dehors, qui se tiennent éloignés, mais qui ne quittent pas de vue l'ennemi, soit directement, soit par des patrouilles qui veillent sur chacun de ses mouvements, reconnaissent de bonne heure les mesures de précaution qu'il veut employer, pénètrent le but qu'il se propose, en font le rapport promptement, ainsi que de tout ce qui a été observé. Il est donc nécessaire ici de tout voir avec des yeux exercés et avec un jugement prompt et droit.

2o *Observer un point occupé par l'ennemi.*

Ordinairement c'est une forteresse ou toute autre position fortifiée. Ce problème est plus facile : car ici l'objet est circonscrit et permanent. Il s'agit de bien en explorer les alentours, de les avoir toujours sous les yeux, de bien faire attention si l'ennemi augmente ou diminue sa garnison, s'il introduit des approvisionnements dans la place, s'il y fait des préparatifs pour des opérations à exécuter au dehors ou des armements de quelque nature que ce soit.

3o *Observer toute une contrée que l'ennemi occupe ou qu'il tient dans l'obéissance par ses détachements de partisans.*

Il est, dans ce cas, très important de savoir ce qui se passe dans les environs, si l'on y fait des réquisitions, des marchés ou des enlèvements de denrées; quelles sont les directions que les troupes prennent, quels sont les préparatifs qui s'y font; sous le rapport topographique, si les chemins sont en bon ou mauvais état, si l'on construit ou si l'on détruit des ponts, si l'on élève des retranchements, et autres choses semblables.

4° Enfin observer une partie déterminée de terrain.

Ce terrain a pour le moment un intérêt relatif; c'est ou une chaussée, une route, un passage, un défilé, un fleuve, une côte et autres objets pareils.

446. En général, partout où il s'agit d'observer, on doit porter son attention sur les objets suivants :

1° Voir ce qui se passe devant soi ; par conséquent s'approcher autant que possible de l'objet à observer; faire beaucoup de patrouilles, avoir de bons espions, se ménager des intelligences avec les habitants du pays ; envoyer sur toutes les avenues des hommes prudents, adroits et intelligents, avoir une grande activité, être infatigable, avoir les yeux partout. Rien ne doit être négligé, pas même la chose la plus insignifiante.

2° Empêcher qu'on ne s'aperçoive de notre observation; par conséquent, dans toutes les mesures de précaution, il faut de la finesse et de la ruse ; paraître à l'ennemi mettre beaucoup d'indifférence dans nos actions ; faire beaucoup de démonstrations ; l'obliger à de faux mouvements ; détourner son attention, l'induire en erreur, et employer pour cela toutes sortes de stratagèmes.

3° Observer sans s'exposer à être troublé ; par conséquent, il faut se tenir caché, changer souvent de place, profiter de la nuit, des temps brumeux, du déclin ou de la naissance du jour, éviter les contrées ouvertes, y envoyer seulement des hommes isolés, travestis ; ne pas avancer tant qu'on ne peut atteindre son but qu'en employant la force, ne se fixer nulle part sous peine d'être promptement enlevé.

4° Ne point se laisser épouvanter d'abord à la vue de la première poignée de soldats ennemis qui se présenteront; par conséquent, il faut employer les mesures convenables de précaution, et, en cas de nécessité, présenter une résistance vigoureuse, mais ne jamais s'engager dans de grandes entreprises; faire plutôt une sage combinaison des trois armes, et particulièrement des bouches à feu, et enfin d'un système d'avant-postes extrêmement actif.

5° Enfin, donner continuellement à l'armée ou au corps dont on dépend, connaissance de ce qu'on a observé, soit qu'il y ait des changements dans les dispositions de l'ennemi, soit que tout soit resté dans le même état qu'auparavant; par conséquent il faut une communication sûre et facile avec ses propres troupes; avoir des relais et des postes intermédiaires, des guides sur qui l'on puisse compter, et des cavaliers vigoureux.

On voit par là qu'un officier qui sera commandé pour *observer* l'ennemi, trouvera occasion de déployer ses moyens et mettre en usage tout ce qu'il aura appris dans la petite guerre. Seulement, on n'emploiera dans ces sortes de missions que les plus intelligents, les plus actifs. Aussi est-ce le chemin le plus prompt et le plus sûr d'arriver à la gloire. Qu'on se rappelle l'actif de *Mankewitz*, chef d'escadron au corps de carabiniers de *Bückembourg* dans la guerre de sept ans, les éloges qu'il reçut de son chef le duc Ferdinand, et les récompenses qui lui furent décernées.

467. Là où le talent peut seul guider nos actions, on doit être avare de règles; le vrai mérite se les trace lui-même : la médiocrité s'y attache et s'égare. Un officier chargé d'*observer*, est un *artiste* qui doit se conduire par ses inspirations, et tout tirer de son cerveau.

Je me contenterai donc de développer ici les règles les plus générales pour les cas qui viennent d'être énoncés, et dont la plupart ne peuvent guère se rapporter qu'à la constitution de troupes de partisans. Les applications spéciales sont soumises à de trop grandes variations pour être présentées sous un point de vue théorique.

2. Observer l'ennemi même.

A. Quand il est stationnaire.

468. Si l'ennemi est campé, stationnaire dans son camp, et que notre armée soit en présence, nous aurons des avant-postes. Leur affaire sera alors de l'observer, et ce n'est que dans des cas particuliers, qu'on peut avoir besoin de dispositions spéciales.

Il peut donc être question ici d'un ennemi détaché qui n'a aucune troupe en notre présence, comme par exemple, lorsque nous mettant en marche, nous laissons derrière nous une partie de nos forces pour observer l'ennemi resté en position, c'est-à-dire l'avoir toujours sous les yeux; annoncer ce qu'il entreprend et le moment où il agit; ou bien, lorsque sur un point éloigné du champ de bataille, il a formé un camp, et que nous y envoyons des troupes pour l'observer.

469. La cavalerie légère est très propre à ces sortes d'expéditions; c'est elle qui convient le mieux, même sans qu'elle soit mêlée à d'autres armes. On reste avec le gros

des troupes caché dans les lieux qui sont le moins fréquentés par les patrouilles de l'ennemi.

On en aura du reste peu à craindre; car, lorsqu'il n'a rien devant lui et qu'il ne se doute pas d'être observé (notre premier soin est de lui cacher), il n'a point de motif pour fatiguer ses troupes. Les nôtres, pendant ce temps, en doivent être d'autant plus actives; mais elles doivent choisir le temps et les chemins de telle manière qu'elles ne puissent être découvertes.

470. Aussitôt que nous pourrons présumer que nous sommes trahis, soit par les habitants du pays, soit par les patrouilles qui rencontreraient les nôtres, il est temps de changer le lieu de notre station. On prend un chemin de détour, on éloigne tous soupçons, on inspire de la confiance à l'ennemi, et l'on recommence la manœuvre précédente.

Cette opération est des plus simples; ce serait donc fatiguer inutilement le lecteur intelligent que d'entrer dans de plus grands détails.

B. Quand il est en marche.

471. Évidemment nous devons, dans ce cas, marcher dans la même direction que l'ennemi. On appelle cela le *côtoyer*. Ici, le détachement d'observation (*Parthei*) qui conviendra le mieux, sera encore la cavalerie seule. Tout le problème se réduit à l'accompagner aussi près que possible sans en être remarqué, et en ne perdant pas de vue sa direction. Mais qu'on se mette en garde surtout contre les patrouilles qu'il pourrait envoyer sur ses flancs (*Voy.* les § 136 et suivants).

472. Dans cette circonstance, il faut réunir la finesse et

la ruse à la témérité. L'ennemi peut nous croire à sa droite et prendre ses mesures seulement de ce côté. Nous coupons sa marche pendant une nuit sombre, ou nous dépassons sa tête par une marche forcée et gagnons sa gauche. Comme il ne nous suppose pas de ce côté, nous pouvons l'observer sans être inquiété. Cela est peut-être téméraire ; mais ce qui ne l'est pas, et qui cependant est hardi, c'est de tendre un piége à son arrière-garde ou de ramasser ses traîneurs pour en avoir des renseignements.

473. Nous devons être bien montés, car nous sommes souvent obligés de faire deux fois autant de chemin que l'ennemi ; tantôt il faut l'éviter, et tantôt se glisser près de lui, sur sa tête ou sur ses derrières, ce qui demande d'habiles cavaliers et de bons chevaux. Il faut, en outre, envoyer les rapports en arrière ; faire partir nombre de petites patrouilles pour lesquelles nous sommes bientôt presque épuisés en hommes. Le détachement ne doit cependant pas être trop faible, car la colonne ennemie est longue, elle se partage peut-être en deux ou trois portions, et il faut observer chacune d'elles. Les trajets à faire sont donc considérables. On ne peut remplir une pareille mission à moins de 100 chevaux, et, à cause des dispositions tactiques qu'il faut prendre, un détachement tout entier serait préférable, parce que les officiers, sous-officiers et soldats se connaissent ; mais pour observer il ne faut jamais de détachement composé de troupes de corps différents.

3. Observer une position occupée par l'ennemi.

Le problème est d'autant plus simple que l'objet à observer est dans l'immobilité, et qu'il y a certains débouchés.

On atteindrait plus promptement le but en y plaçant des postes; mais ce serait investir l'ennemi et non l'observer. La solution du problème n'est pourtant point différente; car on fait ses dispositions pour que tout ce qu'il entreprend au dehors, et pour que tout ce qui s'y passe, ne soit point empêché, mais soit connu, afin que l'autorité supérieure ne soit instruite.

475. Il convient, dans ce cas, de réunir de l'infanterie à la cavalerie : la première pour observer le terrain couvert, la seconde le terrain découvert. Les troupes se tiennent cachées dans le voisinage des routes. Les patrouilles sont toujours en mouvement, mais sans se compromettre, marchant aussi près que possible de l'endroit déterminé. On entre en communication avec les habitants du pays; on retient les voyageurs qui en viennent, on saisit les courriers qui cherchent à s'y introduire, etc. Si l'ennemi, après avoir appris notre voisinage, fait sortir des détachements pour battre la campagne et nous en chasser, nous devons faire retraite le plus promptement possible, et faire en sorte qu'il ne se trouve aucune trace de notre présence, afin que se croyant trompé, nous puissions revenir avec plus d'assurance, après son départ, et recommencer la même manœuvre avec plus de liberté.

4. Observer toute une contrée.

476. Cette mission suppose déjà une certaine indépendance dans le détachement chargé d'observer l'ennemi; par conséquent, il doit être composé de toutes armes, ou, d'après ma manière de m'exprimer, de quatre armes; infanterie, cavalerie, artillerie à pied et artillerie à cheval;

mais chacune en petite proportion, excepté pour la cavalerie; car dans ces occasions, il s'agit de courir beaucoup à cheval. Deux compagnies de fusiliers, 2 escadrons, 2 bouches à feu servies par l'artillerie à pied, et 2 autres servies par l'artillerie à cheval (1) forment déjà un détachement d'observation assez important. Plus fort, il deviendrait difficile à manier, et trouverait difficilement à subsister.

477. Ce cas a beaucoup d'analogie avec un corps qui occupe une position. C'est en petit ce que l'on fait alors en grand. On prend position avec le gros de l'infanterie et les bouches à feu. La cavalerie fait des excursions dans les parties ouvertes des environs, et l'infanterie dans les parties accidentées. Les routes principales doivent toujours être observées avec soin ; car c'est sur elles que les relations s'établissent. Nous devons, par tous les moyens, chercher à connaître tout ce qui se passe autour de nous, et ne rien négliger pour cela. Il n'y a que la ruse, l'adresse, l'agilité, l'argent, enfin la force qui peuvent nous y faire parvenir, et il faut que tout cela soit à notre disposition.

478. Si l'ennemi parcourt le pays autour de nous, il faut le laisser marcher à son aise ; mais observer et tenter de faire quelques prisonniers sans avoir l'air d'y mettre trop d'importance. Il est essentiel de ne faire aucun bruit inutilement, même pour faire du butin. C'est l'ardeur que les partisans ont pour le butin qui leur fait tort, car la plupart pensent plus à eux qu'à l'intérêt de l'armée. Si l'on est découvert, on a deux partis très efficaces à prendre :

1° Une offensive hardie, partout où l'on est en force ;

(1) Pourquoi ces deux sortes d'artilleries? L'une vaut au moins l'autre, d'après l'organisation actuelle. (Note du Traduct.)

2° Exiger des otages, surtout dans la saison où l'on doit chercher un abri; ils servent de garantie contre la trahison.

479. Il peut être quelquefois avantageux de rester établi dans un bon poste avec le gros des troupes et d'entreprendre, avec la cavalerie, une reconnaissance en avant dans l'intérieur du pays. C'est ici le cas d'avoir de l'artillerie à cheval; les reconnaissances en reçoivent une forte impulsion.

480. Les patrouilles exigent une organisation spéciale. On ne les compose pas de moins de 20, 30, jusqu'à 40 chevaux, commandés par des officiers. On les décompose ensuite en d'autres moins considérables; mais leurs mouvements sont soumis à un ensemble qui est du domaine de l'officier. Ces patrouilles restent souvent plusieurs nuits éloignées du gros des troupes. Lorsqu'on a l'intention d'établir celui-ci sur un autre point, on envoie de fortes patrouilles qui masquent notre mouvement de départ, en prenant à gauche quand nous allons à droite, et réciproquement. Elles font plusieurs détours et crochets, et se réunissent à nous après quelques jours d'absence. Toutes les dispositions doivent être simples et bien déterminées. C'est dans de semblables missions que l'officier employé à la petite guerre peut faire briller son talent.

5. Observer des positions isolées.

481. Les observations des positions isolées, quelle que soit la dénomination qu'on leur donne, ne peut être autre chose que leur occupation, lorsqu'on a le dessein de présenter une certaine résistance, moins pour repousser les forces de l'ennemi que pour l'obliger à dévoiler son but et ses projets. En outre, on occupe un point secondaire, d'où

l'on peut entreprendre des expéditions propres à nous éclairer, c'est là l'idée fondamentale.

482. Pour cette observation, toutes les armes doivent être bien combinées entre elles. On s'organise pour la défensive, car il s'agit ici de s'établir et de rester; mais non comme dans les cas précédents, en changeant souvent de position; cependant, il y a une exception pour le cas où l'on observe une route. Il est plus convenable, dans cette circonstance, de rester latéralement à la route pour mieux se garantir d'une surprise, et par des patrouilles fréquentes activer l'observation.

483. Au milieu de la complication de ces problèmes, il se présente deux cas bien distincts : observer un *défilé* ou un *fleuve*. Nous allons nous occuper des deux cas.

A. Observation d'un défilé.

Quel est le but que l'on se propose?

Il s'agit d'apprendre quels sont les projets de l'ennemi sur le défilé, de combien sa colonne est forte, et enfin de lui susciter au moins fréquemment des obstacles qui retarderont sa marche. Il est donc de la première urgence de s'assurer de ce défilé, et d'organiser sa défense.

Que cela ait lieu en avant ou en arrière du défilé, ce sont les circonstances qui en décident, et elles ont été expliquées en détail dans les § 225 et suivants.

484. Comme nous sommes faibles, une position en arrière sera rarement convenable. L'ennemi a plus d'hommes et de canons; il y a pour lui plus de chances de rester maître du champ de bataille. Par conséquent, il faut se placer dans l'intérieur du défilé ou en avant. Mais il faut avant tout se ménager une sûre retraite. Ici, il est nécessaire d'employer le plus efficacement possible les trois

armes, savoir utiliser le terrain de la manière la plus complète.

485. Lorsque le gros des troupes est établi de cette manière, il reste à prendre deux sortes de mesures :

1° La disposition des avant-postes (suivant les principes développés précédemment, quoique incomplétement) ;

2° La disposition des patrouilles. Ces dernières se trouvent évidemment dans le même cas que lorsqu'on occupe une position où l'on ne doit jamais sacrifier la sûreté à la commodité. Ainsi il faut toujours être sur le qui-vive, jour et nuit, et cependant ménager les troupes.

486. Si l'on est en force, par exemple, si l'on a plusieurs bataillons, 4 ou 6 escadrons, et peut-être deux demi-batteries, et si le terrain en avant du défilé est convenable, on peut y établir sa principale position, et même en prendre une autre plus loin. C'est ce qui se rencontrera lorsque plusieurs routes se réunissent en avant ou au milieu du défilé. Il s'agit ici de se séparer en deux, mais non de se morceler en petits détachements. Rien de plus facile que de détacher des troupes, et rien de plus difficile que de les rallier à propos. Aussi rien n'exige généralement des chefs intelligents et sûrs comme des troupes détachées. Il faut des hommes sur lesquels on puisse compter d'une manière absolue.

487. Le rôle le plus difficile est celui de l'artillerie, parce qu'il est toujours nouveau pour elle. L'officier de l'infanterie légère et celui de la cavalerie sont plus exercés dans ces sortes d'opérations. Le premier soin de celui de l'artillerie est de s'identifier avec sa mission, de la bien méditer, et de laisser *au parc* tout pédantisme. Il doit apprécier le mécanisme de son arme, quoiqu'il soit difficile, et se débarrasser de toute tactique purement mécanique. Dès qu'il connaît son rôle, il sait ce qui convient ou non à sa

situation, et il se trouvera bientôt en état de le remplir; en temps de guerre, les fautes viennent plus rarement de l'ignorance que du défaut de clarté, et que de la manière de juger notre situation.

488. Après une résistance qu'on aura prolongée tout le temps nécessaire pour bien reconnaître l'ennemi, on opérera la retraite. Mais on se gardera bien de se laisser jeter hors du défilé. Battre en retraite trop précipitamment et perdre ainsi l'ennemi de vue, serait faire preuve d'incapacité.

En présence d'un ennemi tiède, il est souvent difficile de conserver le fer croisé, à plus forte raison vis-à-vis d'un ennemi actif et résolu. Il peut lancer sur nous une couple de régiments de cavalerie, nous mettre en fuite et nous faire courir plusieurs milles en arrière. La nuit qui vient ensuite nous en fait perdre la trace; le jour suivant, il a disparu, et nous ressemblons à un voyageur égaré. On ne doit jamais laisser aller les choses jusque-là; on doit préalablement reconnaître les chemins par où la retraite doit s'opérer, ainsi que les positions qui s'y trouvent et qui sont susceptibles de défense. On ne doit pas non plus revenir par le droit chemin; on doit faire des détours, des crochets, induire l'ennemi en erreur. Un officier de cavalerie qui a de la résolution et en même temps de la ténacité, peut rester près de lui avec 30 ou 40 chevaux. Il se laisse chasser, mais pour revenir aussitôt sur ses pas. Il oppose à la vivacité de l'ennemi un courage infatigable; dès qu'il présume que ses rangs commencent à s'éclaircir, il prend l'offensive jusqu'à ce qu'il soit près du gros de l'ennemi, en supposant toutefois qu'il soit en contact avec le gros de nos troupes. On voit que le problème est très difficile, il ne peut être soumis à la théorie; tout se résout en moyens pratiques d'exécution, et très souvent par le bon sens à l'intelligence de chacun.

6. Observation d'un fleuve.

489. Il est reconnu généralement que la défense des fleuves doit être comptée parmi les opérations les plus difficiles. Il est vrai que cela tient la plupart du temps à l'incertitude où l'on est du point où l'ennemi entreprendra son passage. Mais ici la tactique peut venir à notre aide. Toutefois, ce problème est plus difficile qu'on ne pourrait le croire, il a besoin d'être mûrement médité.

490. Tous les points du fleuve, sur une étendue de quelques milles, ne sont pas également propres au passage. Il y en a qui le sont plus ou moins; on devra donc diriger son attention sur le point le plus favorable et le surveiller rigoureusement. Par conséquent, on doit connaître tout ce qui s'y rapporte. L'étude de la tactique nous donne cette connaissance. Lorsque des pontons sont détachés près du fleuve, il ne faut pas en conclure que l'ennemi veut effectuer son passage sur ce point, il pourrait se faire que cela ne fût qu'un masque; on doit donc observer et juger sans précipitation, car ce pourrait être aussi le point choisi. Dans ce cas, on doit employer tous les moyens possibles pour l'empêcher, ou du moins pour le rendre difficile. Par conséquent, il nous faut de l'activité, du jugement, de la force, etc.

491. Pour observer un fleuve avec vigueur, on doit faire usage des trois armes, cavalerie, artillerie à cheval, infanterie légère, moitié fusiliers, moitié chasseurs.

L'ensemble porte le caractère d'un poste occupé. Les points de passage les plus probables sont les points de station naturels. Ils sont occupés par de l'infanterie, et on y fait des dispositions pour y placer des canons qu'on tient tout près en arrière entre deux positions, afin de les avoir sous la main quand l'ennemi s'est prononcé. C'est pour cela qu'il faut de l'artillerie à cheval et des chemins praticables. La cavalerie forme la chaîne des avant-postes et les postes permanents d'observation près des endroits où le passage peut s'effectuer. Des patrouilles rôdent tout le long du fleuve. Un poste isolé ne peut guère observer plus d'un mille d'étendue. Quatre de ces postes sont tout ce qu'on peut mettre dans un détachement entier d'occupation : on doit seulement calculer les espaces de temps; car, avant que l'armée soit instruite, et qu'elle n'arrive sur le fleuve, le passage peut être exécuté depuis longtemps.

492. Les patrouilles de cavalerie (et dans les terrains très accidentés, des patrouilles d'infanterie) sont en mouvement jour et nuit. Les chefs doivent être des hommes de jugement; les plus importantes sont conduites par des officiers. Le gros de la troupe reste sur un embranchement de route à environ un demi-mille du fleuve, toujours prêt à marcher; la cavalerie ayant ses chevaux sellés et l'artillerie les siens harnachés. C'est pour cela que ces missions sont très fatigantes. Dès que l'alarme est donnée, le gros des troupes marche vite sur l'endroit menacé, et s'oppose de toutes ses forces au passage de l'ennemi; la résistance doit se prolonger jusqu'à l'arrivée de l'armée. C'est pourquoi l'on doit choisir préalablement près du fleuve, des emplacements favorables à la défense. Comme la lutte deviendra vive et inégale, on doit tirer tout le parti possible du terrain. En pareil cas, l'infanterie, portée en croupe sur les chevaux des cavaliers, pourrait être fort utile; mais on peut y suppléer avec des dragons, quand

ils savent combattre à pied, surtout si l'infanterie se trouve déjà placée près du fleuve.

493. Si l'ennemi parvient à nous chasser des bords du fleuve et à exécuter son passage, ce qui est assez ordinaire, nous nous retirons sur les routes par où les renforts arrivent, mais toujours en combattant et en disputant le terrain pied à pied, de position en position, puisqu'il s'agit de gagner du temps. Dès que le renfort est arrivé, on reprend l'offensive; on peut espérer d'avancer jusqu'au fleuve, car on connaît le terrain.

Avertissements, rapports.

494. *Avertissements et rapports*, sont deux choses de significations différentes (1). Les premiers ne sont autre chose que des indices de ce qui a eu lieu dans un moment important. Ils se rapportent donc à des actions, à des événements déterminés pour un temps donné. Ce sont des exposés simples, et plus ils sont simples mieux ils valent.

Les rapports sont des mentions plus détaillées, plus développées, entremêlées d'opinions, de jugements ou d'avis. Par un avertissement, un général rend compte de ce qui est arrivé, et par un rapport il apprend en outre ce qui aurait pu arriver. L'officier intelligent qu'on envoie en observation doit s'entendre à bien rédiger un rapport. Il y a quelques livres spéciaux sur ce sujet.

495. Les avertissements ou rapports étant faits par écrit, leur transmission a lieu par des ordonnances de cavalerie. Lorsque la distance est longue, il est convenable d'établir des relais. Dans les cas les plus difficiles, lorsque, par exemple, les chemins ne sont pas sûrs, on emploie des hommes travestis ou tout autre moyen. Le but est de

(1) Cette distinction n'existe pas dans le service français.

les faire parvenir, non-seulement avec sûreté, mais encore avec promptitude.

496. Nulle part les avertissements ne sont plus importants que lorsqu'il s'agit d'observer un fleuve. Dès qu'on a découvert avec certitude le point que l'ennemi a choisi pour passer, on expédie trois avertissements à la fois, le premier à l'officier commandant le détachement d'observation, et qui se tient ordinairement près du gros des troupes ; le deuxième, directement au général en chef, par le chemin le plus court sans intermédiaires ; le troisième à l'officier commandant le détachement de renfort, qui est pour l'ordinaire en arrière sur l'embranchement le plus proche des routes.

On voit déjà, d'après cela, qu'aucune patrouille ne devrait être composée de moins de six hommes, parce que trois sont employés à porter les avertissements, deux à observer l'ennemi, et le troisième reste disponible; mais on n'en est pas quitte pour un premier avertissement, un second doit suivre immédiatement. Par exemple :

1er *Avis*. « Des officiers ennemis, parmi lesquels un ap-
« partient au corps du génie, se montrent de l'autre côté
« du fleuve au point A, et paraissent chercher un passage.

« *N*..... 12 mars à 3 h. 1/2 du matin. »

2e *Avis*. « A droite et à gauche du point A, des officiers
« d'artillerie paraissent choisir l'emplacement d'une bat-
« terie. Dans ce moment, la rive opposée est occupée par
« des tirailleurs, je ne perds pas l'ennemi de vue, et je ne
« suis pas encore découvert par lui. Des pontons arrivent
« également de l'autre côté.

« *N*..... 12 masr, à 3 h. 3/4 du matin. »

3e *Avis*. « L'ennemi entreprend la construction du pont.

« *N*..... 12 mars à 5 h. du matin. »

SUPPLÉMENT

I. AVANT-POSTES EN AVANT DES FORTERESSES.

A. Observations préliminaires.

1° Vues générales.

1. Bien que les postes avancés, mis au-devant des forteresses, soient composés exactement de la même manière que les avant-postes en usage en rase campagne, et qu'ils aient beaucoup de conformité avec ceux-ci, néanmoins ils doivent en être distingués manifestement par leur but. C'est sur quoi nous allons fixer l'attention.

2. La principale différence consiste dans la position particulière qui nous met en relation avec l'ennemi. Cet ennemi est ici une forteresse qui est supposée fournie de toutes les ressources nécessaires à sa défense, par consé-

quent toujours en état de repousser une attaque. Mais elle est fixe, et il ne peut s'y faire aucun changement qu'il ne parvienne aussitôt à notre connaissance et que nous ne puissions apprendre par nos avant-postes. Tout cela autorise donc à dire :

Que le problème se présente ici d'une manière beaucoup plus limitée qu'en rase campagne, et se trouve par conséquent bien plus facile à résoudre.

3. Indépendamment du rapport spécial qui nous met en contact avec l'ennemi, on forme encore une ligne d'investissement qui est tout autrement établie qu'en plein champ.

L'ensemble de ces deux considérations donne à la question un caractère particulier. Nous allons examiner ces deux points plus en détail.

2° Rapport spécial avec l'ennemi.

4. Lorsqu'un investissement a lieu d'une manière rationnelle, les postes extérieurs ennemis sont bientôt rejetés dans la forteresse, et la garnison ne peut s'étendre qu'à quelque distance des glacis et en dedans de la portée du canon ; mais si, dans ce cas, ses postes sont peu considérables en nombre, ils le sont beaucoup en force, par les raisons suivantes :

1° Parce qu'ils connaissent parfaitement le terrain ;

2° Parce que leurs détachements, lorsqu'ils en font,

peuvent se tenir cachés tout près, dans les chemins couverts ;

3° Parce qu'ils ont dans les canons de la place, dans les corps de la garnison, dans les sorties, etc., un appui considérable qui ne peut leur manquer et qui est toujours tout prêt.

En un mot, les avant-postes d'une garnison sont toujours dans une situation à montrer beaucoup d'énergie ; tandis que ceux du corps d'investissement se trouvent disséminés sur tous les rayons du cercle, et ont par conséquent besoin de plus d'artifice pour montrer la même vigueur.

5. En outre, une différence très remarquable vient de ce que les avant-postes ont, en plein champ, à observer le terrain auprès de l'ennemi dans un rayon très étendu, tandis que devant une forteresse, leur observation se borne à celle-ci seulement.

6. En rase campagne, les avantages et désavantages sont exactement les mêmes des deux côtés. Devant une place forte, c'est autre chose : l'ennemi, constamment concentré, est libre de se porter où il veut, et avant que nous puissions parer ses coups, nous sommes en butte aux canons de 24 dont ses remparts sont armés. La forteresse a donc presque toujours l'initiative de l'attaque, à moins que la garnison ne se comporte par trop mollement. Cette initiative peut s'exercer surtout toutes les nuits ; elle peut donc fatiguer nos avant-postes d'une manière très désavantageuse. Par là, les rôles sont renversés ; l'investissement et l'attaque de la forteresse, portent naturellement le caractère de l'offensive, la défense de la place, celle de la dé-

fensive; tandis que, pour les avant-postes, c'est tout le contraire; du côté de la forteresse, c'est l'offensive; du côté de l'assiégeant, la défensive.

7. Au sujet des sorties, on peut poser ce principe : On ne fera point usage d'avant-postes contre une forteresse que l'on saura positivement ne devoir point faire de sorties; mais contre celle qui doit en faire beaucoup, le service de nos avant-postes deviendra successivement difficile.

Il convient d'examiner le but que l'ennemi se propose dans ses sorties, ou du moins le but le plus essentiel; c'est :

1° D'empêcher l'entier investissement de la place ou de le rompre, dans le cas où il aurait déjà lieu;

2° De ramasser des approvisionnements de toute espèce dans le pays environnant, et de les conduire dans la forteresse ;

3° D'enlever des postes isolés ou de détruire des travaux de siége;

4° De donner la main à un corps chargé de faire lever le siége;

5° De se faire jour à travers l'ennemi.

Nos avant-postes pourront s'opposer d'une manière efficace à beaucoup de sorties ayant ces objets pour but, mais non à toutes, lors même que nous entourerions la place d'un cordon d'hommes se donnant pour ainsi dire la main; ce serait au contraire le moyen d'être partout très faible.

La possibilité de repousser toutes les sorties n'appartient donc qu'au gros des groupes.

8. Aucune sortie n'est aussi dangereuse pratiquement pour le corps d'investissement, qu'elle le paraît théoriquement, excepté celle dont le but est indiqué au n° 5°, où il s'agit pour la garnison entière, de sortir de la place pour ne plus y rentrer.

La garnison, dans les autres sorties, ressemble au lion enchaîné qui ne peut agir que dans le cercle qui lui est tracé par sa chaîne, ou en termes moins figurés, chaque forteresse a autour d'elle une sphère d'activité qui est d'autant plus étendue que les postes d'investissement sont plus éloignés des glacis. Une attaque vigoureuse contre chaque sortie dissipe le danger.

9. Mais il y a pour nous une circonstance plus fâcheuse qui se rattache à la sortie : c'est l'artillerie de la place ; c'est une réserve vigoureuse que nous devons craindre dans la poursuite, à moins que l'ennemi ne soit assez maladroit pour nous laisser entrer dans la place avec lui, ce dont on ne manque pas d'exemples. Mais la supériorité est toujours de notre côté, au moins dans le principe, ce qui est très important.

Dans tous les cas, il est évident que nous avons raison de mettre beaucoup d'énergie dans notre système d'avant-postes; ce qui n'est pas aussi nécessaire en rase campagne, où l'on voit qu'un glaive retient l'autre dans le fourreau. Ainsi, il faut tout mettre en jeu pour conserver le terrain d'investissement, et ne pas souffrir que l'ennemi s'y établisse.

10. On peut atteindre ce but des deux manières suivantes :

1° Ou l'on retire auprès du gros des troupes, comme en

rase campagne, et l'on attire par ce moyen l'ennemi en dehors du terrain des sorties pour tomber ensuite sur lui avec une force supérieure, ou pour couper ses communications avec la place ;

2° Ou bien on appuie fortement les postes isolés, on les fait résister avec toute la persévérance possible, en attirant à soi ses soutiens et le gros de ses troupes, et l'on dispute le terrain pied à pied.

On peut admettre que lorsque le combat, dans une sortie, reste indécis, le projet de l'ennemi aura déjà échoué à moitié.

3° Forme de la ligne d'investissement.

11. En rase campagne, les avant-postes se tiennent la plupart du temps sur une courbe rentrante, ou sur une ligne droite avec des flancs. C'est au centre de cette ligne ou en arrière que doit se trouver le point central du système.

Devant une forteresse, il en est tout autrement : la ligne d'investissement a une forme circulaire dont le centre est la forteresse ; si chaque poste se portait directement en arrière, on se trouverait tellement dispersé et en désordre qu'on ne pourrait jamais se rallier. On doit donc adopter d'autres dispositions. Pour raisonner d'après le général *Jomini*, la place se trouve en outre en possession de la ligne intérieure d'opération, ce qui ne veut dire autre chose, sinon qu'elle concentre tout ; nous devons donc aussi chercher à nous concentrer ; cela est très bon dans le premier moment, et tant que la sortie n'est pas trop loin de la place ; mais si elle en est éloignée, avec de bonnes dispositions, nous sommes toujours prêts à l'investir, nous sommes favorisés dans ce mouvement par notre forme circulaire; mais l'avantage de cette forme sera nul dès que la la sortie se sera retirée sous la protection de ses canons.

De l'ensemble de ces considérations, il ressort évidemment les principes et les règles pour la conduite des avant-postes devant les forteresses.

B. Dispositions des avant-postes.

1° Dispositions générales.

12. Plus le cercle d'investissement est grand, plus le nombre de troupes doit naturellement être considérable ; il suit donc de là, qu'on doit, autant que possible, faire ses efforts pour rétrécir le cercle. Par là on obtiendra encore un autre avantage, celui d'une observation plus rigoureuse de la forteresse. Mais indépendamment de plusieurs circonstances dont l'investissement dépend, il est principalement soumis à la nature du terrain ; on devra donc procéder autrement qu'en rase campagne ; c'est-à-dire qu'il ne faudra pas placer les avant-postes de l'intérieur vers l'extérieur, mais dans le sens contraire. On doit donc

commencer par établir les vedettes et les sentinelles sur les points les plus rapprochés de la place; placer ensuite leurs soutiens, et enfin choisir l'emplacement du gros des troupes.

On pourrait même dire que cet emplacement dépend plus des avant-postes que ceux-ci de lui; car tout doit tendre à la plus vigoureuse résistance de la part des premiers. Si, par exemple, on pouvait admettre que la ligne des postes avancés peut suffire seule et sans les secours du gros des troupes, à investir la place, ce qui serait le cas, si la garnison était trop faible, pour faire des sorties, ces dernières troupes deviendraient inutiles.

13. L'investissement, qu'il soit rapproché ou éloigné, sera exécuté comme en rase campagne par des grand-gardes de cavalerie ou d'infanterie. Ainsi, ce qui a été dit précédemment sur les grand-gardes, pourra trouver son application ici, et les petites différences qui pourraient s'y rencontrer, à cause de leurs rapports avec l'ennemi qui ne sont pas tout à fait les mêmes, peuvent, la plupart du temps, être appréciées par le simple bon sens.

2° Bivouacs.

14. Les védettes et les sentinelles que les bivouacs fournissent, ne peuvent avoir, devant la forteresse, d'autre objet que d'observer ses débouchés et le terrain le plus rapproché. Ainsi, pendant qu'en rase campagne on ne leur prescrit que d'une manière générale la direction à obser-

ver, devant les places ils ont un rayon d'observation beaucoup plus circonscrit ; c'est-à-dire qu'on ne porte leur attention que sur le petit nombre de points par où l'ennemi peut faire une sortie.

D'après cela, on ne devrait jamais laisser entre la forteresse et nous, des objets qui puissent couvrir les mouvements de l'ennemi. A la vérité, il est rare qu'il y en ait, car l'assiégé est encore plus intéressé que nous à les faire disparaître ; mais s'il s'en trouve, il faut tâcher de les envelopper dans la ligne d'investissement ou de les occuper particulièrement. On comprend dans cette catégorie, les maisons, bâtisses quelconques, etc.

15. Il ne serait pas sage de chercher en général à déterminer, indépendamment de la portée des canons et des fusils, la distance des postes isolés à la place ; toutefois, rien n'est plus indéterminé que ce qu'on appelle la portée du canon. D'une forteresse placée sur une hauteur, un canon de 24 peut porter jusqu'à 4 à 5,000 pas, et assurément personne ne voudra placer des sentinelles aussi loin. Les védettes peuvent même être portées jusqu'à 700 pas de la place, sans être incommodées par les coups de fusils. Aucune troupe de garnison ne s'avisera jamais de tirer avec du canon sur un point isolé. Un commandant qui connaît le prix de ses munitions s'y opposera toujours.

Chacun comprendra aisément que les sentinelles doivent et peuvent se placer plus près de la place que les védettes. On peut même mettre celles-ci jusqu'en deçà de la portée du fusil, si toutefois le terrain le permet, c'est-à-dire, s'il y a quelque abri. Pour un homme à pied la chose est toujours plus facile à trouver que pour un homme à cheval. Il y a assez de raisons pour que les sentinelles profitent de tous les petits accidents du terrain, et en tirent le parti le plus ingénieux. Mais si l'on ne peut faire autrement, on creuse pendant la nuit des enfoncements pour les y loger pendant le jour.

16. La nuit nous cause, devant les forteresses, une difficulté qu'on n'éprouve pas en rase campagne. Ici les avant-postes sont retirés pendant l'obscurité, surtout les sentinelles de l'infanterie. Devant une place, c'est tout le contraire; on se porte plus en avant, on y établit de nouveaux postes plus près de la place que la chaîne de jour, afin d'être en état de découvrir les mouvements de l'ennemi dès qu'il les entreprend.

17. L'éloignement des gardes du camp, celui de la ligne des postes et leurs points de station, ne peuvent être soumis à d'autres règles que celles qui sont en usage en campagne, puisque le *but* principal est le même. Cependant ici une position couverte est encore plus importante que dans le premier cas, non-seulement parce qu'on n'a pas l'ennemi tout près et en contact avec soi, mais encore parce que les sentinelles doivent toujours être en mesure de se rallier, attendu que leurs postes sont plus exposés. La plus grande partie des sentinelles devront se trouver sous le coup du canon le plus rapproché.

18. Les points de station des sentinelles doivent être changés, dans les siéges comme en campagne, pendant la nuit, avec cette différence que selon les règles, on les replie dans le dernier cas; tandis qu'on les porte en avant dans le premier.

3° Troupes de soutien.

19. Il est évident que ces troupes deviennent d'autant plus nécessaires, que les gardes des camps et les postes avancés sont poussés plus près de l'ennemi, surtout de nuit. Mais si pendant la nuit les gardes du camp d'infanterie se portent plus loin, on est dans l'usage de faire occuper leur place par des troupes de soutien. Les gardes d'infanterie sont portées en avant des gardes du camp de cavalerie, qui représentent ici les troupes de soutien.

4° Troupes principales.

20. Leur destination est d'appuyer les gardes avancées et leurs soutiens, et de résister, réunies avec elles, aux sorties de la garnison, jusqu'à ce que la plus grande partie des troupes d'investissement soit accourue à leur secours et ait refoulé l'ennemi dans la place.

Le choix des armes dépend aussi de la nature du terrain. Cependant une troupe entremêlée d'infanterie et de cavalerie est ce qui convient. Si elle est considérable, on lui donne de l'artillerie légère, surtout si elle est regardée comme poste de soutien, et si elle occupe une position destinée à protéger l'opération.

On peut ensuite vouloir employer des canons pour flanquer la position.

21. On ne peut déterminer par la théorie la force de la troupe principale; celle-ci dépend de celle que l'on suppose que la garnison emploiera dans sa sortie; elle dépend aussi de la position du corps d'investissement; s'il est bivouaqué ou s'il est en cantonnement, attendu que dans ce dernier cas, il sera plus long-temps à arriver au secours des postes avancés.

22. Le nombre des corps principaux de troupes se règle aussi d'après la circonférence de la forteresse, d'après le nombre des avenues qui y aboutissent, et d'après la configuration du terrain, comme par exemple, si la ligne d'investissement est coupée par un fleuve ou autre obstacle semblable.

Toutes les avenues doivent être occupées sans exception; ce qui explique pourquoi des forteresses considérables, mais peu accessibles, exigent quelquefois des troupes moins considérables pour leur investissement, que des places plus petites, mais accessibles de tous côtés. Aussi les embranchements des routes sont des points favorables pour l'emplacement des troupes principales. Mais c'est surtout le terrain qui doit décider de toutes les dispositions à prendre.

23. Par la même raison, on ne peut donner aucun principe sur l'éloignement de la place, de la troupe principale. Cette distance ne devrait pas dépasser, en général, 1,500 à 1,800 pas, car autrement l'appui qu'elle doit donner aux postes avancés ne pourrait arriver aussi promptement qu'on doit le désirer. La chose essentielle est que plus l'en-

nemi rencontre promptement le gros de nos troupes, plus la résistance est vigoureuse.

5° Considérations éloignées.

24. Si nous résumons tout ce qui a été exposé jusqu'à présent, nous concluerons, comme conséquence, que les avant-postes en avant des forteresses, pris collectivement, forment un ensemble beaucoup plus serré qu'en campagne; mais que l'emplacement des troupes mêmes ne peut être soumis à aucune règle, qu'il dépend de la nature du terrain et de la spécialité de chaque arme.

La cavalerie, par exemple, doit être disposée de manière à pouvoir se mouvoir librement dans tous les sens.

En outre, il n'est pas même nécessaire qu'elle évite de se trouver en avant des défilés. Car chaque sortie se faisant dans une seule direction, elle conservera assez d'espace latéralement, pour se porter de côté et prendre l'ennemi en flanc et à dos; manœuvre qui est d'ailleurs dans sa nature.

L'infanterie, la plupart du temps, est placée tout près des routes et sur des points qui puissent permettre une très grande résistance, et par où l'ennemi est obligé de passer. En général, elle peut beaucoup plus hasarder devant les forteresses qu'en rase campagne; car l'ennemi a rarement assez de cavalerie pour lui faire un mauvais parti. Ainsi il est inouï qu'une troupe d'infanterie, après avoir été coupée par une sortie, ait mis bas les armes et se soit rendue prisonnière ; tandis qu'il est ordinaire, en pareil cas, de marcher la baïonnette en avant contre l'ennemi qui aurait réussi à couper un de nos détachements ; ce qui, en rase campagne, ne peut pas toujours être mis en pratique.

L'artillerie doit se placer de manière qu'elle puisse battre avec efficacité l'avenue que la troupe doit observer, et, dans le cas où il y en aurait plusieurs, l'avenue principale. Autant l'artillerie à cheval est employée avec avantage aux avant-postes en rase campagne, autant et plus l'artillerie à pied sera utile aux avant-postes devant une forteresse ; car ici l'objet qu'elle doit remplir est plus restreint et plus déterminé. Seulement, lorsque la place offrira un grand développement, on ne pourra guère se passer d'artillerie à cheval; mais, hors ce cas, on fera bien de la laisser au corps principal. Cette arme, d'un usage si précieux dans tant d'occasions différentes en rase campagne, ne doit être employée que dans ces occasions mêmes.

6° Retranchements.

25. L'emploi des retranchements devant une place forte peut être d'un avantage immense. On ne doit jamais dédaigner de fortifier les avant-postes.

Des retranchements construits convenablement sur des points militaires bien choisis, sont surtout utiles, lorsque le corps d'investissement est faible relativement à la garnison, ou que cette dernière est très entreprenante.

Dans toutes les circonstances, les retranchements ont le grand avantage d'augmenter la force des postes, et tout dépend de là. Ils protègent et appuient les troupes, pendant le jour, contre les attaques vigoureuses de l'ennemi; et pendant la nuit, contre les surprises. Ils fournissent en outre l'avantage de tenir plus long-temps dans la position qu'on occupe, et de donner aux secours le temps d'arriver.

Cependant nous ne devons pas dissimuler les inconvénients qu'ils entraînent après eux ; ces inconvénients consistent principalement en ce qu'ils indiquent d'avance à l'ennemi les points qu'il doit chercher à éviter. C'est une sorte d'avertissement qui, dans tous les cas, facilite les dispositions de la garnison. En supposant qu'on tienne caché pendant quelque temps leur nombre et leur position, il les apprend à la première sortie, lors même qu'il serait possible de les rendre ambulants.

26. L'ingénieur préférera, dans ces considérations, les moyens de choisir ses emplacements de la manière la plus convenable ; mais avant tout, en les adaptant le mieux possible à la nature du terrain.

S'ils doivent principalement offrir des points d'appui défensifs pour les avant-postes, ils seront fermés (au moins par des palissades) et mis à l'abri d'une insulte ou d'une attaque de vive force. Personne ne sera assez maladroit pour les placer de manière à être détruits par les canons de la place, et cependant ils ne doivent pas avoir un profil tel, qu'ils soient à l'épreuve du boulet ; mais ils doivent être entourés d'obstacles de toute nature.

Il serait peut-être bon d'essayer si le système de lunettes du général Rogniat, modifié convenablement et approprié à cet objet, ne pourrait pas être employé avec avantage sur une ligne d'investissement.

7° Conduite des avant-postes.

27. La conduite des avant-postes est à peu près la même qu'en campagne. Ainsi, il leur faut une vigilance extrêmement rigoureuse, et qui ne se ralentisse jamais, lors même que l'ennemi ne ferait aucune démonstration. Il peut rester neuf jours dans la plus complète inaction, et le dixième faire une sortie vigoureuse, telle qu'un torrent qui franchit ses digues et va tout inonder.

28. Les sentinelles et les vedettes ont à fixer leur attention sur des objets qui ne se présentent point en rase campagne, et qui par conséquent leur sont étrangers. On doit donc préalablement s'en procurer la connaissance. Leur ensemble est aussi plus restreint qu'en plein champ, et l'on doit pouvoir aussi donner des instructions plus déterminées. Ce qui n'est pas convenable dans ce dernier cas, ne peut l'être davantage devant une forteresse.

29. Les postes devront donc se procurer, de la manière la plus détaillée, la connaissance de tous les événements qui peuvent survenir; sans cela ils courent le risque, avec la meilleure volonté du monde, de ne faire aucune attention à des choses très essentielles, parce qu'ils ne les comprennent point. On entend par là tout ce qui se voit dans la

forteresse et tout ce qui s'y entend, certains signaux réguliers ou irréguliers, le bruit des tambours, le son des instruments à vent, les drapeaux élevés ou autres signaux semblables, etc.

30. Il est bon que les officiers visitent souvent les postes isolés, et qu'ils les interrogent. Quelquefois on apprend à force de questions des choses dont on est fort étonné, et qu'on n'aurait pas sues autrement, parce que les hommes qui composent ces postes n'en connaissent pas la signification. Il n'est pas possible de prévoir ici tout ce qui offre, devant une forteresse, de l'intérêt aux avant-postes d'investissement. Nous nous bornerons donc à rapporter quelques-unes des choses principales auxquelles on doit faire attention.

Il faut faire attention :

1° Aux hommes isolés qui se montrent à l'extérieur de la place, qu'ils soient armés ou non ;

2° Au bruit qui se fait dans l'intérieur ou bien aux signaux qui se montrent sur les remparts, sur les tours, sur les clochers; aux colonnes de fumées qui ne sont pas ordinaires, aux signes télégraphiques, etc. ;

3° Aux travaux exécutés à l'extérieur des chemins couverts ou ailleurs, qu'ils soient visibles, ou seulement qu'on ne fasse que les entendre; aux forts coups de marteaux, au craquement de corps qui se rompent, etc. ;

4° Aux embrasures qu'on ouvre ou que l'on construit, aux travaux de défilement, aux couronnements des parapets des batteries ou des autres ouvrages de fortifications, etc. ;

5° Au silence profond qui régnerait dans les ouvrages

extérieurs, ce qui pourrait signifier qu'ils ont été abandonnés;

6° Aux changements qu'on peut faire à l'emplacement des sentinelles sur les remparts, ou à tout autre changement dans le service intérieur de la place, autant que cela peut être observé avec certitude;

7° Au service ordinaire de la forteresse, lorsque les postes sont relevés et les patrouilles en mouvement, si ces services se continuent régulièrement ou non;

8° Lorsque la garnison est composée de régiments qui ont différents uniformes, combien de temps les soldats des mêmes régiments occupent les mêmes postes, etc.

Toutes ces choses et cent autres encore ne doivent pas être abandonnées à l'observation des postes isolés seulement, mais aussi à celle de l'officier; les connaissances de ce dernier, plus étendues, ainsi que sa plus grande intelligence lui en font un double devoir. Aucun officier d'avant-poste ne doit se trouver devant une forteresse sans lunette d'approche, quand ce ne serait qu'une lunette de Nuremberg, qu'on peut se procurer à peu de frais. Les sous-officiers employés à ce service ne doivent pas être pourvus de moins d'intelligence que les officiers.

31. Pendant la nuit, des patrouilles s'arrêtent, vont jusque sur les glacis épier les mouvements suspects qui ont lieu dans la place. Quand elles s'en retournent, et surtout dans toutes les occasions où elles rencontrent des sentinelles, le qui-vive doit se crier avec le moins de bruit possible, ce qui est ici beaucoup plus important qu'en rase campagne.

32. Les postes d'infanterie ne doivent jamais, dans au-

cun cas, tirer sur les sentinelles ennemies, lors même que leurs coups porteraient juste ; si les postes de la place font feu, ils ne doivent même pas leur répondre.

33. Si les sentinelles se trouvent placées très près de la forteresse, sur un terrain débarrassé d'obstacles et dans des trous creusés exprès, elles ne doivent être relevées que le soir et un peu avant la pointe du jour. Les gardes du camp sont relevées comme à l'ordinaire, avant l'aube du jour ; sur tout le reste, elles se conduisent comme en rase campagne.

34. Des patrouilles fréquentes et actives partent du corps principal et se dirigent vers les postes et les gardes avancées. Les hommes bivouaquent ou se tiennent dans des maisons convenablement placées pour prévenir les alarmes. La moitié de la cavalerie a ses chevaux sellés et bridés. Et pendant la nuit elle les a sellés tous. Au reste, tout cela, comme on sait fort bien, est prescrit par les réglements ; sauf que, en rase campagne, on doit éviter de faire trop de mouvement, car on ruinerait la troupe sans nécessité.

8° Dispositions.

35. Toutes les dispositions des parties isolées de l'investissement se règlent suivant le cas de la manière suivante :

Dans le cas d'une attaque de l'ennemi.

1° Les sentinelles ne se replieront que lorsqu'un ennemi supérieur les attaquera ; cependant elles ne se porteront jamais directement sur leurs troupes de soutien ou principales, mais latéralement:

2° Les gardes du camp placées latéralement, et qui ne sont pas attaquées, surtout celles de cavalerie, se portent sur le flanc de l'ennemi, et sont remplacées par les troupes de soutien. Si la sortie se dirige droit devant elle, les soutiens se réunissent aux gardes du camp, et l'on en devient d'autant plus fort. Les postes de la ligne, qui ne sont pas attaqués, restent en position;

3° Si la sortie a lieu pendant la nuit, les détachements d'infanterie manœuvrent latéralement sans tirer, mais en se portant sur l'ennemi la baïonnette en avant ;

4° Les officiers et soldats doivent bien connaître le terrain, et être préalablement instruits de ce qu'ils doivent faire et ne pas faire ;

5° Pendant le jour, les détachements latéraux, à cause du feu de l'artillerie ennemie, se portent en avant, en ligne à intervalles ou ouverte ;

6° L'infanterie de la troupe principale marche pendant le jour contre l'ennemi, avec une grande moitié de son monde. Le reste conserve sa position, surtout lorsqu'il se trouve dans un retranchement. Mais si cette troupe principale a pour mission la défense absolue de sa position, elle n'envoie en avant que les troupes nécessaires pour soutenir ou rallier celles qui sont engagées. Il en est de même la nuit. Dans tous les cas, la cavalerie se porte sur l'ennemi et l'attaque en flanc ;

7° Dans une sortie sérieuse de la garnison, les troupes principales, placées latéralement et non attaquées, manœuvrent de la même manière que les gardes du camp ; elles conservent néanmoins leur position avec une partie de leur monde, et elles doivent chercher par tous les moyens à conserver le terrain des avant-postes qui est attaqué, jusqu'à l'arrivée des renforts. Elles agissent pour cela de concert avec les autres troupes, avec lesquelles elles se sont préalablement entendues ;

8° Dans une entreprise très sérieuse de la garnison, il est dangereux que la troupe principale soit culbutée, car la ligne d'investissement peut être considérée alors comme rompue, attendu qu'il ne se trouve pas toujours en arrière de la première des détachements de l'armée qui forment cette ligne. Ce qui prouve la nécessité d'une vigoureuse résistance de la part des troupes principales ;

9° Lorsque la sortie est repoussée, et que la retraite de l'ennemi s'effectue sur la place, le danger pour lui et par conséquent l'avantage pour nous est le plus grand. C'est alors que la forme de la ligne d'investissement est des plus favorables, et l'on doit chercher à en tirer le plus d'avantages possibles. Mais si l'ennemi est sous la protection de ses canons, il ne nous reste qu'à le suivre des yeux.

Remarques.

36. Les règles que l'on vient de développer sont applicables au cas d'un blocus complet ; mais dans les simples investissements, les avant-postes n'ont d'autre but que d'observer, et non de disputer le terrain contre des attaques simples. D'ailleurs, ils sont ordinairement trop faibles pour cela, et ne peuvent compter sur un secours assez prompt, car le corps d'investissement se trouve encore dans une position concentrée.

Cependant, la conduite des avant-postes doit être la même ; mais ils se trouvent placés plus loin de la forteresse que dans le cas de blocus complet. Seulement ils s'en rapprochent pendant la nuit ; mais ils se contentent de l'occupation de la principale avenue; ils sont vigilants et établissent un système bien combiné de patrouilles actives.

APPENDICE.

Il n'est pas hors de propos de dire ici deux mots sur l'histoire des troupes destinées à la petite guerre; mais je dois renoncer à épuiser un sujet aussi riche.

On a senti de très bonne heure le besoin d'avoir quelques troupes pour le service de la petite guerre.

L'origine des troupes légères remonte à celle de la guerre. Les vélites des Romains n'étaient autre chose que des troupes légères. Il en est de même des hommes armés à la légère que Jules César tira de ses légions pour opposer aux essaims de troupes africaines.

L'introduction des armes à feu nous amena de nouveaux systèmes en tout, par conséquent aussi pour les troupes légères.

Charles VII, en 1448, leur donna un premier élan par l'organisation de ses archers. Le contraste des troupes régulières et irrégulières se remarque déjà dès ce temps-là. Ces dernières furent appelées brigands, aventuriers. La corruption du langage fit de ces mots des noms avilissants. Cependant ces troupes étaient aussi honorables alors qu'elles le sont aujourd'hui et qu'elles le seront toujours (1).

Les batailles de Pavie (1525) et de Cerisoles (1544)

(1) La discipline n'existait pas alors dans les armées comme aujourd'hui ; ces troupes d'ailleurs licenciées, à la paix, se livraient à toutes sortes de brigandages, et l'acception de ce mot n'a pas eu besoin de changer pour leur être appliquée.

(*Traducteur.*)

nous offrent les premiers exemples de tirailleurs appuyés par des troupes de soutien. La chose a d'abord existé, et les noms sont venus plus tard. On appelait les tirailleurs *enfants perdus* ou coureurs. Chez les Espagnols, on combattit de très bonne heure en ordre ouvert. Ils avaient appris cette manière de combattre des Maures; elle prit naissance, comme on sait, chez les peuples bruts et barbares, et ne fut réduite en système que par les peuples civilisés.

Ce ne fut que sous Maximilien I et sous Charles V que l'on aperçut les premières traces d'une guerre de postes régulière.

Dans la guerre de 30 ans, des hommes sous des chefs séparés remplirent les fonctions de troupes légères : Gustave-Adolphe les réunit en détachements de 500 hommes. Ils se rendirent utiles et se distinguèrent particulièrement au combat de Burgstall en 1630. On voit ici les premières traces des brigades d'avant-postes.

En 1674, le grand électeur introduisit les tireurs d'élite. Au surplus, ce qu'on appelle les *tireurs de carabine* (hakenschützen) étaient depuis long-temps en Allemagne ce que les archers étaient en France. On les nommait troupes légères. Mais ils n'en étaient pas dans toute la valeur du mot; car on leur donna, par exemple, en 1521, des doubles mousquets (doppelhaken) dont le projectile en plomb ne pesait pas moins de 4 loths (2 onces).

Les chasseurs, comme troupes légères, tirent leur origine du pays de Hesse. Le comte de l'empire (Wilhelm) créa le premier corps de chasseurs en 1631. Depuis long-temps les Hessois mettent beaucoup d'importance dans le corps des chasseurs, et ils ont raison. En 1645, l'électeur de Bavière forma un régiment de chasseurs uniquement destiné au service d'avant-postes.

Il est généralement connu que les impériaux ont depuis long-temps, dans leurs pandours et Croates, d'excellentes troupes légères. Elles donnèrent beaucoup d'embarras aux Prussiens dans la guerre de sept ans, sans que leur nécessité fût moindre dans la grande guerre. On avait, il est vrai, déjà formé dans la guerre de Silésie quelques bataillons francs de 400 à 500 hommes qui rendirent aussi d'importants services ; mais, en général, on ne goûta guère les troupes légères. Ce ne fut que bien tard qu'on créa quelques compagnies de chasseurs armées de carabines rayées. Ils se rendirent bientôt redoutables à l'ennemi, particulièrement à la bataille de Breslaw, en 1757, comme ils le sont encore aujourd'hui, et méritèrent d'être réunis en un régiment qui s'est constamment conduit d'une manière brillante.

Les Français furent les premiers à tenter l'essai d'un détachement composé d'armes différentes. En 1702, ils avaient déjà cinq compagnies franches, chacune de 500 hommes, moitié mousquetaires, moitié dragons. Un de leurs chefs les plus renommés était un certain *Delacroix*; il était maître dans l'art de dresser des embûches à l'ennemi. En 1730, ces détachements, chez les Français, s'étaient déjà augmentés au point de former cinq régiments, chacun de cinq compagnies d'infanterie légère et deux de dragons.

Les localités exercent ordinairement une grande influence sur la formation de certaines troupes. Les pays montagneux sont la patrie des *chasseurs de montagne* (chez les Français et les Espagnols, *fusiliers de montagne*). Ils se sont rendus célèbres non-seulement dans les Pyrénées, mais aussi dans les Alpes. Leur uniforme était particulier, et approprié à leur métier, comme aux localités.

Ils ont des souliers en forme de brodequins, chaussure commode pour gravir les rochers. Les *miquelets* dérivent de cette espèce de troupe; dénomination fort dérisoire du reste. Les coureurs norwégiens appartiennent à cette catégorie.

Dans la guerre de sept ans, le duc *Ferdinand de Brunswick* avait une grande prédilection pour les troupes légères, et bien plus grande que celle de ses contemporains; mais il avait aussi des raisons pour cela. Après lui, *Luckner* et Freytay étaient des hommes capables de les apprécier : *Luckner* était porté pour les hussards, Freytay pour les chasseurs à cheval; mais la dénomination ne fait rien.

Lorsque l'instruction de la cavalerie légère n'était pas aussi avancée qu'aujourd'hui, on avait beaucoup de raisons d'en faire une cavalerie légère. Les arquebusiers à cheval appartiennent à cette espèce d'arme (les *crennequins* chez les Français); ils étaient ce que furent plus tard les dragons. L'idée de leur faire mettre pied à terre pour tirer, était dominante. Ils devaient aussi, la plupart du temps, faire le service de partisans.

François Ier de France, en 1536, mit tous ses tireurs d'élite à cheval. Leurs armes étaient une longue épée et une carabine de la longueur de trois pieds.

Les estradiots des Vénitiens, qui se distinguèrent près de Formara, en 1495, appartiennent à la même catégorie; c'étaient des Albanais provenant de *Napoli di Romanie.*

Personne ne fait mention du corps de carabiniers de *Buckembourg*, pendant la guerre de sept ans; et c'est à tort, car il n'en existera peut-être jamais un pareil (1).

L'idée de mettre des fantassins en croupe sur les chevaux de cavalerie est aussi ancienne qu'elle est peu heureuse, et cependant l'on compte toutes sortes de merveilles de cette combinaison singulière. Le comte Louis de Nassau paraît avoir rendu des services étonnants avec cette espèce de troupes, en 1572, devant *Mons*. Le général anglais Lacke, avec la même troupe, a, dit-on, assuré la défaite des Français débarqués en Irlande en 1798. Pourquoi de telles exceptions ne peuvent-elles être utiles pour l'art? C'est qu'elles ne peuvent être admises comme règles.

On sait que *Henri IV*, roi de Navarre, forma les premiers dragons, et que la cavalerie légère chez les Allemands (à l'exception des Autrichiens), fut dans le principe très négligée. Mais l'Allemand est docile.

Tout le monde sait que les hussards sont originaires de Hongrie; mais, ce qui n'est pas aussi connu, c'est que les Français formèrent leurs premiers hussards des déserteurs hongrois, en 1692, sous *Luxembourg*.

Quant à l'artillerie, on a eu de bonne heure l'idée d'en former une pour la petite guerre. La bataille de Cérisolles en 1544 est intéressante sous ce rapport par l'étonnement où se trouvèrent les constables de ce temps-là, lorsqu'ils virent le duc d'*Enghien* les attaquer avec trois canons de 4, ayant double attelage, réunis à la cavalerie légère. Ces canons tinrent ferme avec la cavalerie, par conséquent les canonniers devaient être montés. Dans la guerre de trente ans, la même chose est souvent arrivée; à la bataille de *Dankirchen* en 1638. Les Français en firent autant avec quatre canons de campagne.

(1) L'histoire de ce corps a été rédigée par le major de *Düring*. Voyez le Journal périodique des arts, des sciences et de l'histoire de la guerre. Années 1827 et 1828.

La chose fut bientôt mise sur un plan régulier. Près de *Heilbronn* en 1693, une hauteur qui se trouvait en avant fut enlevée à la course par des dragons et trois canons. Les Français depuis long-temps appelèrent cette artillerie, *artillerie volante*. L'introduction des canons de 8 a dû couper *les ailes* à cette artillerie. J'ai cité dans mon histoire de l'artillerie, plusieurs exemples qui ont rapport à des dispositions semblables de bouches à feu.

1° Chez les Français on s'est occupé anciennement de l'organisation d'une artillerie particulière pour la guerre de montagne. Il en fut question en 1755, et elle a été réorganisée en 1793. Les amusettes de *Buckembourg* sont de ce genre, ainsi que l'artillerie turque du 17e siècle; l'histoire se tait sur les services qu'elle a pu rendre.

L'artillerie européenne actuelle est parfaitement organisée pour la petite guerre.

La haute instruction tactique qui règne aujourd'hui dans les armées, a rendu extrêmement inutile l'organisation d'une troupe spéciale pour les besoins de la petite guerre. Avec nos troupes légères telles qu'elles sont, si l'on n'y fait aucun changement et qu'on veuille bien se dispenser d'y mettre du pédantisme, on peut faire la petite guerre partout où on le voudra en Europe. Il y a bien quelques militaires qui veulent pour elles une formation, une organisation particulière et des uniformes caractéristiques; mais comme nous avons nettement séparé leur service dans la petite guerre de celui qu'elles font dans les autres circonstances, il nous est fort indifférent qu'elles portent pour coiffure le bonnet à poil ou de peau de loup, ou une tête de mort sur le schakos et la schabraque.

FIN.

TABLE DES MATIÈRES.

www.ingramcontent.com/pod-product-compliance
Ingram Content Group UK Ltd.
Pitfield, Milton Keynes, MK11 3LW, UK
UKHW021031180726
13838UKWH00004B/1738